El rock

ME ENCANTA LA MÚSICA

Aaron Carr

SPANISH & ENGLISH eBOOKS
AV2 BY WEIGL
ADDED VALUE · AUDIO VISUAL

www.av2books.com

El enriquecido libro electrónico AV² te ofrece una experiencia bilingüe completa entre el inglés y el español para aprender el vocabulario de los dos idiomas.

This AV² media enhanced book gives you a fully bilingual experience between English and Spanish to learn the vocabulary of both languages.

Spanish   **English**

Navegación bilingüe AV²
AV² Bilingual Navigation

CERRAR
CLOSE

INICIO
HOME

OPCIÓN DE IDIOMA
LANGUAGE TOGGLE

CAMBIAR LA PÁGINA
PAGE TURNING

VISTA PRELIMINAR
PAGE PREVIEW

El rock

ÍNDICE

2   Código del libro de AV²

4   ¿Cuándo comenzó el rock?

6   ¿Dónde se originó el rock?

8   Los primeros roqueros

10   Cantando rock

12   ¿De qué hablan las canciones de rock?

14   Los instrumentos

16   En la banda

18   El rock hoy

20   Me encanta la música

22   Datos sobre el rock

Me encanta la música. Mi música favorita es el rock.

El rock comenzó en
los Estados Unidos
en los años 50.

La música rock viene de otros tipos de música. Es una mezcla del blues y el country estadounidense.

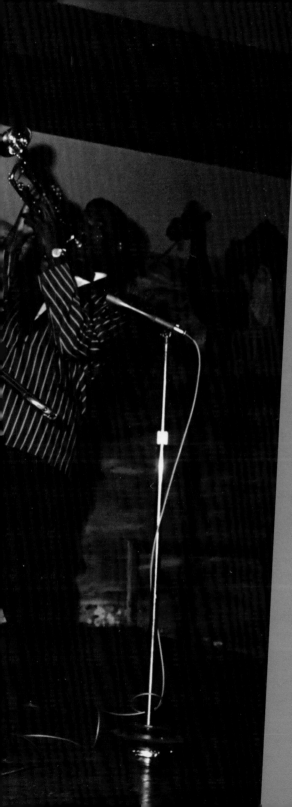

La radio ayudó a que la música rock se hiciera popular.

Los afroamericanos hicieron las primeras canciones de rock.

**Elvis Presley fue
una de las primeras
estrellas de rock.**

Los cantantes de rock suelen tener una voz áspera y potente.

Algunos cantantes de rock pueden alcanzar notas muy altas y muy bajas.

Muchas de las canciones de rock tratan sobre la diversión y el amor.

Las letras de las canciones de rock suelen alentarnos a hacer las cosas a nuestro propio modo.

La guitarra eléctrica es uno de los instrumentos más importantes en el rock.

Les Paul creó una de las primeras guitarras eléctricas en 1941.

Me gusta tocar rock con mis amigos.

Tocar en una banda de rock nos enseña a trabajar en equipo.

17

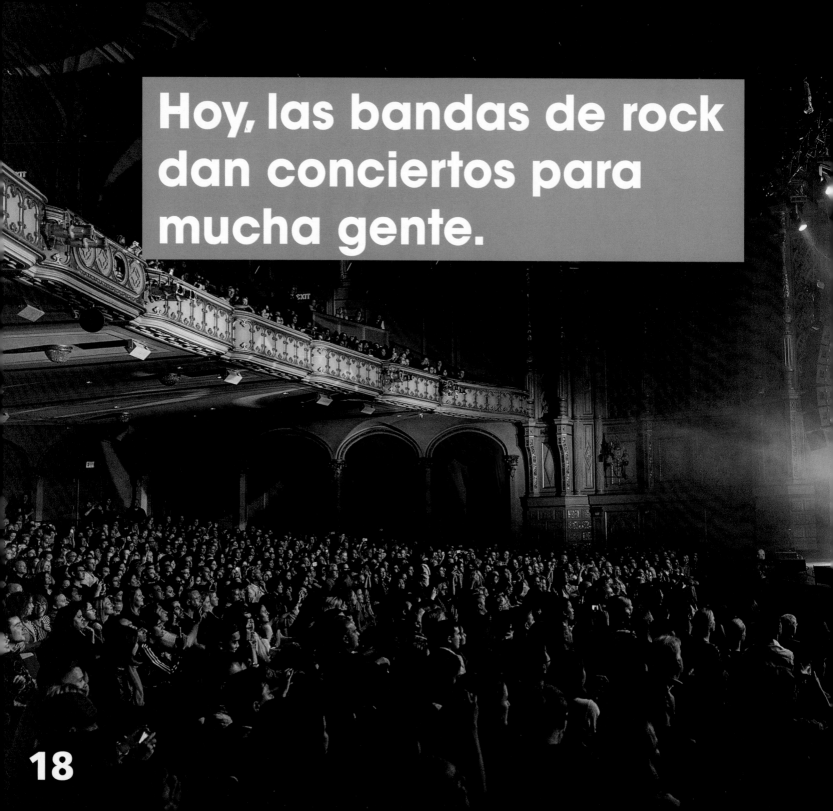

Hoy, las bandas de rock dan conciertos para mucha gente.

Más de 7 millones de personas vieron a U2 entre 2009 y 2011.

Me encanta la música rock. Tocando música aprendo cosas nuevas.

21

DATOS SOBRE EL ROCK

Estas páginas contienen más detalles sobre los interesantes datos de este libro. Están dirigidas a los adultos, como soporte, para que ayuden a los jóvenes lectores a redondear sus conocimientos sobre cada género musical presentado en la serie *Me encanta la música*.

Páginas 4–5

Me encanta la música. Mi música favorita es el rock. Música es el nombre que se le da a los sonidos hechos con voces o instrumentos musicales, cuya combinación transmite emociones. La gente usa la música para expresarse. El rock es una de las formas musicales más populares del mundo. Se lo suele asociar con la juventud y la libertad de expresión. La música rock se caracteriza por tener un ritmo fuerte. Es difícil definir otras características del rock porque suele ser una superposición de otros géneros.

Páginas 6–7

La música rock viene de otros tipos de música. El rock nació a mediados de los años 50, cuando los músicos del sur de los Estados Unidos comenzaron a mezclar el rhythm and blues con la música country para crear un nuevo sonido. Después de la Segunda Guerra Mundial, muchas estaciones de radio comenzaron a pasar canciones afroamericanas de rhythm and blues con más frecuencia para llenar el tiempo en el aire. Se dice que el disc jockey radial Alan Freed fue quien llamó a este tipo de música "rock and roll".

Páginas 8–9

Los afroamericanos hicieron las primeras canciones de rock. Los artistas afroamericanos del rhythm and blues, como Chuck Berry, fueron los primeros músicos que fusionaron el country con el rhythm and blues. Arthur "Big Boy" Crudup lanzó la que podría ser considerada como la primera canción de rock en 1946, llamada *That´s All Right*. Pero la canción recién se popularizó cuando Elvis Presley la grabó, casi una década más tarde.

Páginas 10–11

Los cantantes de rock suelen tener una voz áspera y potente. Las canciones de rock se enfocan más en la expresión que en la técnica. Muchos de los cantantes de rock más conocidos se hicieron famosos por sus particularidades. Las canciones de rock pueden tener desde un estilo lírico, como el pop rock, hasta gritos y alaridos, como en el hard-rock, o rock duro. Con un rango vocal de 6 octavas, Mike Patton, del grupo de rock Faith No More, tiene uno de los rangos vocales más amplios de la música rock actual.

Páginas 12–13

Muchas de las canciones de rock tratan sobre la diversión y el amor. La gran variedad de estilos de rock permite que haya una variedad de temas aún mayor. Si bien las más comunes a lo largo de la historia del rock siguen siendo las canciones sobre el amor y sobre el hecho de ser uno mismo, las letras de las canciones de rock pueden hablar sobre cualquier cosa. El tema dominante del rock es la rebeldía y cada generación intenta diferenciarse de la anterior.

Páginas 14–15

La guitarra eléctrica es uno de los instrumentos más importantes en el rock. La guitarra eléctrica es un instrumento tan importante en las bandas de rock que podría considerarse el único instrumento característico de este género. La mayoría de las bandas de rock están compuestas por uno o más guitarristas, un bajista y un baterista. Alguno de estos integrantes también puede ser el vocalista. Sin embargo, algunas bandas de rock se han centrado más en otros instrumentos, como pianos o sintetizadores.

Páginas 16–17

Me gusta tocar rock con mis amigos. Tocar música con otras personas enseña a los niños a cooperar, trabajar en equipo y alcanzar metas. Los niños que practican música regularmente tienden a tener más confianza y a llevarse mejor con los demás. Algunos alumnos aprenden mejor en grupo porque no sienten la presión de tener que aprender solos.

Páginas 18–19

Hoy, las bandas de rock dan conciertos para mucha gente. La base de la música rock son las actuaciones en vivo. Las bandas sin sello pueden hacer pequeños shows en pubs o escuelas, mientras que los grandes grupos contratados por discográficas suelen tocar en lugares más grandes. Entre 2009 y 2011, el grupo de rock irlandés U2 recaudó más de 730 millones de dólares en su gira U2 360°, convirtiéndola en la gira de rock de mayor recaudación hasta la fecha. Más de 7 millones de personas de todo el mundo vieron al grupo en los 110 shows de la gira.

Páginas 20–21

Me encanta la música rock. Tocando música aprendo cosas nuevas. Estudios recientes sugieren que aprender y practicar música puede beneficiar la capacidad de aprendizaje del niño. Entre otros beneficios, mejora la habilidad motriz y la destreza, aumenta las calificaciones de sus exámenes e incluso eleva el coeficiente intelectual, o CI También se ha demostrado que aprender música a una edad temprana ayuda a desarrollar el lenguaje y a mejorar las habilidades para la lectura y la comprensión oral.

¡Visita www.av2books.com para disfrutar de tu libro interactivo de inglés y español!

Check out www.av2books.com for your interactive English and Spanish ebook!

1 **Entra en www.av2books.com**
Go to www.av2books.com

2 **Ingresa tu código**
Enter book code

E338364

3 **¡Alimenta tu imaginación en línea!**
Fuel your imagination online!

www.av2books.com

Published by AV² by Weigl
350 5th Avenue, 59th Floor
New York, NY 10118
Website: www.av2books.com

Library of Congress Control Number: 2015953913

ISBN 978-1-4896-4356-8 (hardcover)
ISBN 978-1-4896-4358-2 (multi-user eBook)

Printed in the United States of America in Brainerd, Minnesota
1 2 3 4 5 6 7 8 9 0 20 19 18 17 16

022016
101515

Project Coordinator: Jared Siemens
Spanish Editor: Translation Cloud LLC
Designer: Mandy Christiansen